DESCRIPTION PITTORESQUE DE L'AUVERGNE.

CHAUDESAIGUES

ET

SES EAUX THERMALES;

Par H. LECOQ,

Professeur d'Histoire naturelle, Directeur du Jardin de Botanique de la ville de Clermont-Ferrand, Rédacteur en chef des Annales scientifiques, littéraires et industrielles de l'Auvergne, etc.

CINQUIÈME LIVRAISON. — Prix: 90 c.

PARIS,

J.-B. BAILLIÈRE,
Libraire, rue de l'École-de-Médecine, n° 13 bis.

LONDRES, MÊME MAISON, 219, RÉGENT STREET.

CLERMONT ET AURILLAC,

CHEZ LES PRINCIPAUX LIBRAIRES.

—

1836.

DESCRIPTION PITTORESQUE DE L'AUVERGNE

CHAUDES-AIGUES
ET SES EAUX THERMALES.

Par H. LECOQ,

Prof.-rr d'Histoire naturelle, Directeur du Jardin de Botanique de la ville de
Clermont-Ferrand, Rédacteur de plusieurs Sociétés scientifiques, d'Auteur
de *la Bibliothèque de l'Auvergne*, etc.

LIVRAISON. — Prix : 30 Centimes.

CLERMONT-FERRAND, CHEZ THIBAUD-LANDRIOT,
ÉDITEUR DE L'ALBUM,
QUAI DES CHAZEAUX-BALAINVILLIERS.

1835.

CHAUDESAIGUES

ET

SES EAUX THERMALES;

Par H. LECOQ.

Il était quatre heures du matin quand nous partîmes de Saint-Flour pour visiter Chaudesaigues; l'air était frais, et un léger brouillard flottant dans la vallée nous annonçait un beau temps pour le reste du jour. Nous étions déjà près du hameau de Bouzentés, quand le soleil se leva, mais nous n'eûmes pas le temps de voir les carrières de lave qui fournissent à Saint-Flour presque tous ses matériaux de construction. C'est une pierre grise qui se rapproche beaucoup du basalte, mais que l'on peut tailler assez facilement; elle noircit avec le temps, et devient tout à coup très-foncée, lorsqu'on la mouille; elle contribue beaucoup à donner à Saint-Flour un air sombre qui, du reste, est tout à fait en harmonie avec le paysage qui l'environne. De Bouzentés aux Ternes il y a peu de distance, et l'on rencontre avec plaisir des prés d'un beau vert, arrosés par les eaux pures de petits ruisseaux qui se réunissent un peu plus loin pour former la rivière de *Jurol*. Le vieux château de Courtines et les maisons du village sont ombragés de beaux frênes et de vieux ormeaux, tandis que des groupes de saules et d'aubépine entourent les prairies ou suivent le cours de l'eau.

On passe un pont de bois, et la route tracée sur le bord d'un vaste plateau sur laquelle elle s'élève, n'offre bientôt plus que des blocs de basalte, au milieu desquels croissent çà et là des broussailles et quelques arbrisseaux.

Ce plateau est couvert de laves comme la plupart de ceux qui environnent Saint-Flour. Une nappe de basalte le revêt dans toute son étendue sur une épaisseur qui paraît considérable. Il s'en faut cependant que son horizontalité soit parfaite. Il offre un grand nombre d'ondulations qui sont très-remarquables, et qui indiquent, dans l'épanchement et le refroidissement des basaltes, des phénomènes qui nous sont encore inconnus. Plusieurs monticules basaltiques sont placés sur le bord de cette plaine et ont peut-être contribué à répandre la lave noire dont elle est couverte. Quelle que soit son origine, sa nature varie sur différents points du plateau, et l'on y remarque de très-belles masses de dolérite ou basalte felspathique qui se taille avec facilité, et fournit, comme Bouzentès, de bonnes pierres de construction. Ce qui nous frappa le plus en parcourant cette plaine, fut le grand nombre de dépressions et même d'ondulations que nous y remarquâmes. La route qui la traverse en ligne droite, offre continuellement des pentes opposées qui indiquent un mouvement de terrain léger mais continuel. Dans plusieurs endroits, on remarque des dépressions plus ou moins grandes, plus ou moins régulières, comme toutes celles que l'on observe sur les grands plateaux basaltiques. On les reconnaît facilement à la verdure dont elles sont couvertes, car l'eau y séjourne souvent; la culture des céréales y est impossible, et des prés où croissent en abondance les fleurs régulières de la parnassie et les corolles roses des colchiques, indiquent facilement les points les plus bas de la plaine. Ces dépressions sont quelquefois très-grandes, et présentent au milieu une élévation arrondie et peu sensible, mais pourtant très-remarquable, si l'on peut s'élever au-dessus du sol. Malgré tout l'intérêt qu'inspirent les phénomènes volcaniques, même aux personnes qui ne se sont jamais occupées d'histoire naturelle, il est bien difficile de se rendre raison de ces dépressions nombreuses et de ces ondulations fréquentes que nous offrent partout les grandes nappes de basalte ; mais je pense que c'est aux environs de Saint-Flour qu'il faut venir étudier le caractère de ces terrains. Le hameau de Cordesse est bâti sur le bord même de la route ; il faut se détourner avant d'y arriver, et traverser à gauche une petite portion de ce grand plateau. On trouvera une dépression bien plus marquée que celles dont nous venons de parler, et qui ressemble beaucoup à un cratère. Elle est indiquée très-exactement sur la carte de Cassini, et mérite d'être soigneusement étudiée.

Au delà de ces basaltes cessent les terrains volcaniques ; on suit une pente douce, et l'on voit au loin des vallées assez profondes, dont toutes les pentes sont couvertes de prairies. On entre dans un petit bois où le bouleau domine, et l'on se trouve tout à coup sur le bord de précipices effrayants. On est à la côte de Lanneau. Là, toute communication ultérieure paraissait impossible ; des escarpements verticaux encaissaient un ravin profond où l'eau des orages roulait avec fracas les quartiers de rochers détachés des sommets. Quelques bouleaux fixés dans les fissures de la roche, étendaient leurs rameaux flexibles sur des touffes de bruyères qui fleurissaient chaque année sans que l'homme puisse en approcher.

Aujourd'hui la route se prolonge sur le flanc du ravin, taillée dans le roc, suspendue sur l'abîme. Elle forme des détours nombreux, et malgré sa pente parfaitement ménagée, on ne peut se défendre d'une certaine émotion, lorsque, entraîné dans une diligence, on descend au galop une corniche élevée de six cents pieds, et dont la moindre déviation pourrait vous précipiter.

On donne le nom de *Saut du Loup* à plusieurs parties de cette route, mais on s'accorde cependant à le réserver à un escarpement à peu près vertical, qui n'est pas très-éloigné de la partie supérieure et du petit bois de bouleaux que nous avons traversé. Dans beaucoup d'endroits, on voit saillir de grosses masses de gneiss, dont les couches contournées et pliées en tout sens paraissent suspendues au-dessus des ravins. Le mica noir dont elles sont abondamment pourvues, étincelle au soleil, et contraste avec le felspath d'un beau blanc qui constitue le fond de la roche. On voit avec intérêt tout du long de cette route qu'on élargit encore, le plissement de cette roche primitive, la première peut-être qui se soit solidifiée à la surface du globe incandescent, et dont les couches horriblement bouleversées indiquent de grands mouvements oscillatoires produits par les mêmes causes que celles qui occasionent aujourd'hui le flux et le reflux de la mer. Les points de vue pittoresque ne manquent pas sur une route située dans une telle position, mais un des points les plus curieux est celui que l'on désigne sous le nom de *Four de Clugel*. La route forme un détour pour éviter un ravin profond et escarpé, qui est l'ouvrage d'une cascade dont l'eau est peu abondante dans les temps ordinaires, mais qui doit acquérir une force prodigieuse, quand réunissant les eaux d'une pluie d'orage, elle se précipite jusqu'au fond du ravin dont elle a miné les parois. Les parties tendres de la roche ont été entraînées, et les masses les plus dures, saillantes de tous côtés, augmentent encore l'horreur du précipice. C'est dans l'angle de ce ravin et à quelques mètres au-dessus de la route que se trouve le *Four de Clugel*, espèce de gueule béante creusée naturellement dans le rocher, et surmontée de deux cavités plus petites qui lui donnent une ressemblance grossière avec une tête de monstre.

L'eau de la cascade ou du moins l'humidité qu'elle répand autour d'elle entretient dans cette petite grotte la verdure de quelques capillaires, et ses parois extérieures offraient encore, quand nous la vîmes, de jolies touffes de seneçon à feuilles d'Adonis.

De ce point, on aperçoit la *Truyère*, rivière profondément encaissée, dont nous suivîmes le cours pendant quelque temps, quoique séparés d'elle par des pentes extrêmement abruptes. Enfin, nous arrivâmes au fond de la vallée, près de Lanneau, hameau qui a donné son nom à la côte escarpée que nous venions de descendre, et nous traversâmes la Truyère sur un joli pont de pierre, qu'on ne s'attend pas à trouver dans ce pays sauvage.

Au-delà du pont, on longe encore un ravin, mais bien moins profond que celui de Lanneau; on abandonne la rivière et l'on remonte jusqu'à Chaudesaigues le cours du petit ruisseau de *Remontalou*.

Je ne conseillerais à personne d'aller exprès à Chaudesaigues, si la ville ne possédait pas ses eaux thermales, à moins d'y faire un pèlerinage à Notre-Dame de Pitié, dont on aperçoit la chapelle sur le bord de la route, à gauche avant d'entrer dans la ville. On est à sept lieues de poste de Saint-Flour;

dans un vallon assez profond, et formant un angle presque droit avec la vallée de la Trueyère, où le petit ruisseau de Remontalou va verser ses eaux.

Les rues sont étroites et malpropres, à l'exception cependant de la rue principale qui conduit sur la place, et qui nous parut balayée avec soin. De la place, une arcade percée sous une maison conduit sur le pont qui traverse le Remontalou, et sur les quais qui ne sont remarquables que par les nombreux conduits qui viennent verser l'eau chaude dans le ruisseau. Les maisons sont bâties et couvertes en gneiss. Cette dernière roche fournit très-près de Chaudesaigues des dalles d'une très-grande dimension, et qui sont très usitées dans le pays. On trouve aussi, à peu de distance de la ville, un très-beau granité qui se taille bien, et que l'on utilise aussi pour faire les angles des maisons et quelques autres constructions.

Nous arrivâmes à Chaudesaigues un dimanche; nous fûmes très-étonnés de voir à l'angle de chaque rue de grandes lanternes carrées que nous prîmes pour des réverbères, et nous le fûmes bien plus encore en voyant allumer ces lanternes à midi, lorsqu'un soleil ardent répandait partout une vive clarté et étincellait dans toutes les paillettes de mica que contiennent les roches des environs. Nous ne tardâmes pas à apercevoir près de ces lanternes des niches en bois convenablement vitrées, dans lesquelles étaient logés des saints, de noms et de costumes très-différents, presque tous dorés et couverts de riches vêtements. Le son de la cloche nous annonça bientôt après une procession solennelle. Elle était remarquable par le grand nombre de fidèles qui la suivait, par la riche dorure des châsses, et surtout par la présence de nombreux pénitents blancs, la tête entièrement couverte d'un capuchon percé de deux trous à la hauteur des yeux. C'est la dévotion portée à un haut degré aux environs de Chaudesaigues, comme dans le reste du Cantal, qui a commencé la réputation de ces eaux thermales. On accourait de toutes parts à Notre-Dame de Pitié, et le bruit de ses miracles, en s'étendant au loin, augmentait chaque année l'affluence des malades qui s'y rendaient. Outre les prières et les offrandes d'usage, on indiquait des bains dans les eaux refroidies, et surtout l'application de la vapeur. Ces moyens combinés donnèrent de bons résultats. Bon nombre de béquilles furent abandonnées à Chaudesaigues et offertes à Notre-

Dame en reconnaissance de ses bienfaits. Les eaux furent de plus en plus fréquentées, et le nombre des malades qui, en 1823, n'était encore que de 38, s'est élevé à 354 en 1832. Cependant les premières applications des eaux de Chaudesaigues remontent beaucoup plus haut. Ces eaux, comme toutes celles de l'Auvergne, étaient connues des Romains; les fouilles qui ont été faites ont toujours mis à découvert des constructions romaines.

Les sources sont très-nombreuses à Chaudesaigues, et paraissent occuper un espace souterrain assez grand sous la ville même. Elles sortent du sol par un grand nombre d'issues, dont quatre principales : la source du Par, celle du moulin du Ban, celle de l'hôtel Felgère, et celle de la grotte du Moulin. Les autres sources s'échappent par des fissures sur le bord du ruisseau et souvent même au milieu de son lit, car l'eau froide coule dans certains endroits sur un lit de sable dont la température est au moins de soixante degrés.

Toutes ces eaux sortent d'un terrain de gneiss ou de granite, et ne donnent aucun dépôt à leur sortie. La plus abondante est celle du Par, qui doit cette dénomination à l'usage que l'on fait de ses eaux pour épiler diverses parties d'animaux, pour laver et *parer* leurs intestins.

Les mesures exactes de M. Ledru lui ont donné 252 litres par minute. J'ignore le produit des autres sources, mais on peut, je crois, admettre sans exagération qu'elles fournissent ensemble 100 litres d'eau pendant le même espace de temps; ce qui porterait la quantité de liquide à 352 par minute, ou à la somme énorme de 458,880 par jour, ou à 458 mètres cubes. Pour se faire une idée de cette quantité d'eau, il faut la comparer à une capacité connue, et si nous supposons un instant que cette eau s'écoule dans le vaste cratère de Pariou, elle le remplirait en trois mille sept cent cinquante deux jours, ou en dix ans trois mois et douze jours.

Il serait possible qu'à une époque très-éloignée de celle où nous vivons, il n'ait pas existé de communication entre la vallée où se trouve Chaudesaigues et celle de la Trueyère. Il n'y a rien d'impossible alors qu'il y ait eu effectivement, sur l'emplacement de Chaudesaigues, un lac d'eau chaude qui devait influer singulièrement sur la température, et par conséquent sur la végétation des environs. Si cette eau restait pure et s'étendait sur une grande surface, une prompte évaporation devait compenser l'arrivée continuelle du liquide, et les eaux du lac devaient augmenter en salure, et déposer au bout d'un certain temps des couches de natron, comme les lacs de l'Egypte. Si, au contraire, le ruisseau de Remontalou y amenait déjà ses eaux, les mêmes phénomènes ne devaient pas s'y passer, et le carbonate de soude devait être incessamment entraîné par le cours d'eau qui traversait le bassin. Si de tels phénomènes ont eu lieu à Chaudesaigues, on en trouve à peine des traces aujourd'hui. Les eaux à la vérité déposent du carbonate de soude qui, pendant les chaleurs, s'effleurit autour d'elles, ou qui paraît sous forme de végétations soyeuses autour des bassins où elles sont recueillies. Si de grandes masses de natron ont été déposées dans la vallée, les pluies ont dû les entraîner depuis long-temps sans en laisser la moindre trace.

Ces eaux sont très-chaudes, et celle du Par, qui est de toutes la plus abondante, est presque bouillante. Les observations faites par diverses personnes ont donné des résultats si différents, que l'on est tenté de croire à des variations de chaleur plutôt qu'à des vices de construction dans les thermomètres. Leur température varie de 88 à 75 degrés centigrades. Les autres marquent de 70 à 50; quelques-unes même ne donnent que 35; mais ce sont des filets qui, selon toute apparence, sont mélangés avec les eaux froides du Remontalou, ou qui parcourant un certain trajet à petite profondeur, ont le temps de se refroidir en abandonnant au sol une partie de leur chaleur.

Il résulte de cette multitude de canaux naturels et pleins d'eau chaude qui circulent sous Chaudesaigues, que dans la majeure partie de la ville, la neige fond aussitôt qu'elle tombe. Le sol est constamment échauffé, au point que plusieurs caves sont trop chaudes pour qu'on puisse y conserver du vin, et l'on sent la chaleur traverser les chaussures et arriver à la plante des pieds.

Les habitants de Chaudesaigues peuvent donc disposer tous les jours de la chaleur qui serait nécessaire pour élever 458,880 kilogrammes d'eau de la température de 10° à celle de 70°, chaleur énorme dont on prévoit les avantages immenses.

Cette quantité de chaleur produite chaque jour par ces eaux, équivaut à celle que donnerait la combustion de 3,905 kilogrammes de charbon de bois, de 4,641 kilogrammes de houille d'Auvergne, ou de 9,349 kilogrammes de bois ordinaire, contenant vingt pour cent d'eau.

Que l'on multiplie maintenant par 365, nombre de jours de l'année, ces quantités diverses de combustible, on sera étonné de la masse énorme qui serait nécessaire pour obtenir autant de chaleur qu'en produisent les eaux. Car ces quantités ne seraient pas suffisantes pour élever une aussi grande masse d'eau à cette température, la moitié au moins du calorique serait perdue par les fourneaux et la fumée, et je n'ai pas tenu compte ici de la chaleur distribuée dans le sol et rayonnant au dehors avant la sortie des eaux.

Ainsi M. Berthier, qui avait calculé que ces eaux tenaient lieu à la ville d'une forêt de 540 hectares, est encore resté au-dessous de l'évaluation réelle, car une telle forêt située dans un sol aussi aride que celui des environs de Chaudesaigues, ne fournirait pas chaque jour en fibres nouvelles, une masse de 9,349 kilogrammes de bois. En évaluant le charbon de bois à 4 centimes le kilogramme seulement, on trouve que la dépense, pour obtenir cette quantité d'eau chaude, indépendamment de toute main d'œuvre, de mise de fond, etc., serait de

156 fr. par jour. C'est donc une rente annuelle de 56,940 fr. que la nature paye à la commune de Chaudesaigues, et dont elle perd la majeure partie, faute d'employer continuellement ses eaux.

On sait les utiliser de toutes les manières, pour le foulage des draps, le désuintage de la laine, le lavage du linge et des vêtements; pour cuire les œufs ou les faire éclore, faire la soupe et laver la vaisselle, pour épiler les porcs et laver les débris des animaux. Enfin, on les utilise surtout pour des bains médicinaux et pour le chauffage des maisons. Presque toute la ville est chauffée de cette manière, et chaque ménage a sa part de cette chaleur naturelle. Des conduits en bois transportent l'eau chaude de l'autre côté du ruisseau, où elle est de nouveau divisée et justement répartie chez chaque propriétaire. Elle passe sous le carrelage de chaque maison, et les bassins qui la reçoivent sont recouverts par de larges dalles de gneiss qui s'échauffent lentement, mais qui conservent long-temps la chaleur; c'est la source du Par qui sert à cet usage; l'été elle va directement tiédir les eaux du Remontalou.

Quelques baignoires existent déjà chez des particuliers. Les principales sont chez M. Felgère, les autres sont situées au moulin du Ban et à la Grotte. Toutes sont alimentées par des sources particulières. M. Felgère a joint à son établissement des douches de vapeur, dont il serait extrêmement facile de multiplier le nombre.

Il est question depuis quelque temps de former à Chaudesaigues un vaste établissement thermal, et en effet il n'est aucune source en France qui puisse lui être comparée, et qui puisse réunir autant d'avantages.

Comme eaux médicinales, elles ne contiennent pas une grande proportion de matières salines, environ un gramme par litre; tandis que plusieurs eaux minérales de l'Auvergne en renferment au moins six grammes; mais il serait facile, si on voulait varier leurs propriétés, d'y ajouter soit des matières salines, soit de l'hydrogène sulfuré ou des solutions sulfureuses. On pourrait également y dissoudre des préparations d'iode, et dans tous les cas modérer leur action par l'addition d'amidon, de fécule, de gélatine ou de diverses substances végétales ou animales. Leur composition connue par les analyses de M. Berthier et de M. Chevalier, permettrait d'y joindre différentes substances en proportions exactes, et de réunir dans cette seule localité les bains minéraux du monde entier. On pourrait en modifier la chaleur à volonté, et obtenir ainsi des résultats dont on ne peut calculer les avantages.

On pourrait également charger la vapeur d'eau qui s'échappe en abondance de la source, de diverses matières médicamenteuses, la rendre plus active ou modifier son action; enfin, joindre aux propriétés naturelles des eaux thermales tous les effets que l'on obtient artificiellement en cherchant à imiter la nature.

Il est encore un autre genre de médication que l'on pourrait sans doute employer avec bien du succès à Chaudesaigues, c'est l'emploi direct des médicaments sur les poumons.

Personne n'ignore que dans toutes les maladies de poitrine, les médicaments que l'on prend à l'intérieur vont directement dans l'estomac, et ne peuvent agir que très-indirectement sur les poumons par voie d'absorption, c'est-à-dire, au moyen des communications imperceptibles qui ont lieu entre la plupart des organes. Il y a certainement de grands résultats à obtenir, de beaux succès à espérer, de l'emploi direct de plusieurs substances dissoutes dans l'air qu'on respire, et pouvant ainsi arriver dans les poumons au moyen des bronches, et pénétrer jusque dans le tissu spongieux dont les organes de la respiration sont composés. Or, il serait facile à Chaudesaigues d'essayer ce nouveau moyen thérapeutique. Il serait facile d'augmenter à volonté l'humidité et la température de l'air dans des cabinets où ces deux effets seraient appréciés par un thermomètre et un hygromètre. On pourrait dissoudre dans la vapeur d'eau les substances que l'on voudrait répandre dans l'air, ou entretenir, au moyen de vases plus ou moins chauffés par elle, la volatilisation graduée des matières dont on voudrait essayer l'emploi.

Des essais de ce genre faits par un médecin habile, amèneraient sans doute à des conséquences très-remarquables, et donneraient à l'établissement de Chaudesaigues une réputation spéciale qu'aucun autre ne pourrait lui disputer. Les dispositions à prendre pour cet objet compliqueraient un peu le plan de l'établissement, mais elles contribueraient sans doute à son succès. On pourrait encore joindre à l'établissement qui nous occupe l'agrément de jardins échauffés par des conduits d'eau sortant des baignoires ou venant directement de la source, selon la saison ou le besoin qu'on aurait des eaux. Toute espèce de primeurs viendrait avec facilité en employant ce moyen, et une végétation vigoureuse contribuerait bientôt à l'embellissement de ces lieux. Il serait facile d'échauffer de la même manière une vaste serre où les plantes des régions équinoxiales se développeraient en pleine terre, et rappelleraient ces temps reculés où la végétation des tropiques couvrait l'Auvergne de ses vastes forêts qu'habitaient alors ces animaux singuliers dont l'existence précéda l'apparition des hommes.

Cette serre où régnerait constamment une douce température et une humidité dont on pourrait varier à volonté l'intensité, servirait de promenade pendant les mauvais temps, procurerait de la distraction aux malades, et contribuerait, sous tous les rapports, à l'agrément et à l'utilité des bains de Chaudesaigues.

Quelques cabinets destinés à l'incubation artificielle, seraient joints à cette serre, où l'on pourrait amener, sous formes de gerbes ou de jets élevés, une partie des eaux du Remontalou, qui seraient détournées dans les temps humides.

On voit qu'il serait facile de réunir l'utile à l'agréable ; mais ici l'agréable aurait aussi son utilité, car la distraction et la situation pittoresque des lieux influent sur la santé, comme l'air et les eaux.

— Enfin, resterait encore l'application des eaux à l'industrie. On conçoit leur action sur les laines; la soude qu'elles contiennent se combine au suint et forme une sorte de savon qui dégraisse la laine brute, et lui communique cette blancheur qui fait rechercher partout celles qui ont été désuintées à Chaudesaigues. Ces avantages ne s'obtiendraient ailleurs qu'à grands frais. Il est encore plusieurs autres circonstances dans lesquelles on pourrait mettre à profit la chaleur et la légère alcalinité de ces eaux ; mais n'y aurait-il que le désuintage des laines, que déjà ce serait une branche d'industrie considérable, si on lui donnait toute l'extension qu'elle peut atteindre.

Une fois sorties de la ville, les eaux thermales mêlées à celles du ruisseau, sont encore une source de richesses pour les environs. Les belles prairies qui couvrent toutes les pentes et qui tapissent le fond de la vallée leur doivent toute leur fraîcheur et l'abondance de leurs produits. On trouve une différence considérable dans l'action des irrigations, selon qu'elles sont faites avec les eaux du Remontalou ou avec celles des ruisseaux voisins. Les sels agissent là comme ailleurs, et augmentent l'intensité de la verdure et la force de végétation. Leur action doit être d'autant plus grande, qu'ils sont unis à une matière organique qui entre naturellement dans la composition chimique de ces eaux thermales, et dont la quantité doit être augmentée par le désuintage des laines et la grande quantité de débris d'animaux qu'on lave continuellement à la source du Par. C'est au point même que pendant les chaleurs, il s'exhale de cette source une odeur extrêmement désagréable qui tient à la malpropreté des environs.

Si les eaux de Chaudesaigues intéressent à la fois le médecin, l'administrateur, l'industriel et l'agriculteur, elles n'offrent pas moins d'intérêt au géologue, qui retrouve dans les produits des eaux thermales, la répétition en petit des phénomènes qui se développaient autrefois sur une plus grande échelle. Leurs dépôts actuels ont bien peu d'importance; ils consistent en carbonate de chaux et en oxide de fer. M. Felgère m'a fait voir chez lui de l'ocre pulvérulent d'un jaune orangé, qui était de l'hydrate de fer presque pur. Cet oxide colore partout le carbonate de chaux, et lui donne une teinte jaunâtre et ferrugineuse, analogue à la couleur du bois. Aussi prendrait-on pour de véritables tuyaux en bois, les longs tubes pierreux qui revêtent l'intérieur des vrais tuyaux d'écoulement, et que l'on peut obtenir entiers en enlevant avec précaution les parois sur lesquelles ils se sont moulés. Ce carbonate de chaux est remarquable par sa tendance à cristalliser. Il se dépose en petites lames qui se pressent les unes contre les autres, qui prennent exactement la forme des objets sur lesquels elles s'appliquent, mais qui, à l'extérieur, présentent une foule de petits cristaux qui rendent leur surface toute rugueuse.

On peut comparer ces dépôts à ceux de Saint-Nectaire, avec cette différence cependant que, dans cette dernière localité, le calcaire est plus blanc et plus abondant. Il semble que les différentes eaux thermales aient la propriété de donner des dépôts cristallins quand elles sont très-chaudes, et qu'elles perdent cette propriété en refroidissant. Telles sont celles de Saint-Alyre, de Chalusset, de Laps, près Vic-le-Comte, qui, maintenant refroidies, donnent des produits concrétionnés, mais sans cristaux. Peut-être celles de Chaudesaigues sont-elles trop chaudes maintenant, pour déposer une grande quantité de chaux carbonatée; en refroidissant avec le temps, le dépôt de cette matière pourra augmenter, puis cesser tout à fait, comme cela a eu lieu déjà pour les sources de Nonette, de Médagues, et beaucoup d'autres situées en différents points de l'Auvergne. Il est possible que la grande chaleur dont elles jouissent, s'oppose à la formation du bicarbonate de chaux qui, dans toutes les eaux calcarifères, se transforme au contact de l'air en sous-carbonate insoluble.

Cette chaleur est telle, que je ne doute pas qu'en creusant à une certaine profondeur, on ne parvienne encore à l'augmenter, et peut-être même à voir la vapeur s'échapper de la roche primitive. On aurait alors un phénomène analogue à ceux du geiser d'Islande.

Si le terrain était perméable aux instruments, un trou de sonde ou un puits artésien assez profond pourrait amener à Chaudesaigues une colonne de vapeur dont la tension serait peut-être même considérable. Déjà ces eaux ont changé de nature, car on ne peut attribuer à une autre cause le dépôt de fer sulfuré qu'on a trouvé lors des fouilles que l'on a faites autour de la source. Des masses de quarz en sont imprégnées, toutes les fissures en sont tapissées ; et il faut nécessairement qu'autrefois une certaine quantité de soufre se soit trouvée en contact avec le fer qu'elles contiennent encore, et sous l'influence de circonstances particulières, pour qu'une aussi grande quantité de fer sulfuré ait pu s'y former. Des couches de quarz fibreux qui se trouvent à peu de distance des sources leur doivent peut-être aussi leur origine.

Nous ne connaissons rien encore des grands changements que le refroidissement graduel du globe a apportés dans l'abondance et la composition des eaux thermales. La géologie pourra un jour tirer des conséquences bien remarquables de faits de ce genre étudiés avec soin ; et comme plusieurs générations ne suffisent pas pour voir des changements qui s'opèrent si lentement, c'est en observant avec précision toutes les sources d'une contrée, qu'on pourra se rendre compte des modifications que chacune d'elles peut éprouver, et, sous ce rapport, l'Auvergne mérite probablement la préférence.

CLERMONT, IMPRIMERIE DE THIBAUD-LANDRIOT.

www.ingramcontent.com/pod-product-compliance
Lightning Source LLC
Chambersburg PA
CBHW070452080426
42451CB00025B/2710